AF586787

REPONSE

AU SECOND MEMOIRE IMPRIME' sous le nom du Pere Girard Jesuite.

POUR

LE P. ESTIENNE THOMAS CADIERE, PRETRE, Religieux de l'Ordre de Saint Dominique.

PUISQUE ce n'est pas le P. Girard, mais la Societé qui parle pour lui dans ce second Mémoire, & que c'est moins pour l'instruction de Messieurs les Juges, que pour le Public qu'il est destiné, ainsi qu'on a pris soin de l'annoncer au commencement & à la fin de cet ouvrage; l'Orateur qu'on a chargé de cet employ, auroit pû se dispenser des agitations qu'il se donne pour manifester son éloquence, il devoit s'apercevoir de l'incongruité de son raisonnement, & de l'inutilité de son projet.

Car, si sans le secours d'aucune instruction, l'on doit decider de l'accusation intentée contre le P. Girard par les lumieres qui naissent *de ce qui doit resulter de la procedure*, comment la Societé s'est-elle proposée d'effacer les idées desavantageuses du Public ? Il faudroit donc effacer la procedure qui a fourni ces idées, elles n'ont jamais eu d'autre principe : la procedure ne presente que des faits ; or le public est-il incapable de penser, & de comprendre ce que les faits signifient. La connoissance du crime par les faits est-elle hors de la portée de quiconque a du discernement & de la raison ? Un Accusé qui paroit coupable par des faits qui sont prouvés par des voyes juridiques, & par ses Aveus, le paroit à tout le monde : tous les Recteurs de la Societé, fit-elle revivre en leur personne, les Demosthenes, les Cicerons, les Quintiliens, & tout ce que l'Antiquité a eu d'excellens Maîtres dans l'Art de parler ; ne persuaderont jamais que l'Innocence soit compatible avec le Crime : qu'une œuvre soit bonne, qu'elle soit pieuse & loüable, lorsque par le fait elle paroit réellement mauvaise dans son principe & dans sa consommation : en un mot, que ce qui est noir puisse paroître blanc. Former un tel projet, & le manifester, c'est manquer non seulement au respect qu'on doit à la sagesse, à l'integrité, aux lumieres des Juges ; mais c'est insulter au Public, c'est se moquer du Public lorsque l'on fait semblant de vouloir le respecter, c'est se broüiller avec le sens commun.

C'est cependant ce que l'Auteur de ce nouveau Mémoire entreprend de persuader.

de faux miracles, ces faux miracles ont été inventez par ses Freres, le desespoir de ne pouvoir plus les soutenir veritables, & continuer de faire passer leur Sœur pour sainte, parce que le P. Girard ne voulut plus la diriger, leur fit concevoir le dessein de le perdre en faisant passer leur Sœur pour possedée du Démon, c'est le motif du noir complot qu'ils ont formé contre lui de concert avec elle & le P. Nicolas Prieur des Carmes, & qui a eu des suites si funestes.

Voilà comment le merveilleux employé par le P. Girard pour commettre ses crimes, sert aujourd'hui à sa Societé pour les excuser; le P. Girard n'est point coupable quoique les miracles de sa Penitente, qu'il dit aujourd'hui être de faux miracles inventés par les freres de la Cadiere lui ayent donné lieu de s'enfermer avec elle, & de prendre des libertés criminelles, ce n'est-là qu'une imprudence suivant ses réponses personnelles; & suivant la Societé qui connoit encore mieux la valeur des termes, c'est une *pieuse credulité*. Le P. Girard est innocent, parce qu'il faudroit qu'il fût Sorcier pour le faire auteur de ces miracles; or n'étant pas Sorcier, quoique la Societé ne conteste pas qu'il puisse y en avoir, mais cette idée de sorcier étant aujourd'hui proscrite dans le public, & le sistéme du sortilege manquant, le principe des miracles doit tomber, ce n'est plus lui qui en est l'auteur, c'est une fourberie inventée par les Freres Cadiere, c'est une invention du Dominicain.

S'il s'agissoit ici de la deffense de la Demoisf. Cadiere, combien d'absurditez ne feroit-on pas remarquer dans cette maniere de raisonner; mais elle n'a pas besoin de nôtre secours, on le voit assez par ceux que les Jesuites recherchent & multiplient autant qu'ils peuvent pour se deffendre contr'elle; les démarches, les mouvements de la Societé, les Ecrits anonimes & scandaleux qu'elle repand sans se mettre en peine des deffenses rigoureuses qui en ont interdit l'impression, parce que les Jesuites se croyent au-dessus des régles, les volumes de Mémoires lassans & insipides qu'elle produit, tous ces beaux & admirables ouvrages sont presentés au public, tantôt sous le nom de Mr. l'Evêque de Toulon en abusant de la qualité respectable de ce Prelat, tantôt en suposant l'Avis d'un Magistrat dans lequel avec des reflexions pueriles on le fait parler pour la justification du P. Girard, & on lui fait attester d'avoir pris des Extraits des pieces & de la procedure dans le même tems qu'il temoigne la crainte où il est avec raison d'être redressé par une réponse, & qu'il est reduit en finissant d'avoüer qu'il aura besoin de se mieux instruire, c'est ainsi que la Societé respecte la Magistrature; tantôt encore par des Lettres imprimées sans adresse ni signature remplies d'ordures & d'infamies, tout cela venant de la même boutique, où l'art des fictions est enseigné de longue main, & par eux-mêmes debité dans la Sacristie de leur Eglise; l'aveuglement a été enfin porté jusqu'à un tel excez de faire paroître une Lettre imprimée sous le nom de la Superieure des Ursulines de Toulon dattée du premier Avril passé, dans laquelle par les peintures ridicules qu'on fait de la Demoiselle Cadiere il semble que les Jesuites ayent du regret qu'on ne l'ait pas assez maltraitée & persecutée dans ce Couvent.

Tous ces libelles, ces stratagemes & ces fictions ridicules de quoy servent-elles, si ce n'est pour mieux persuader au public qui les méprise, combien vivement la Societé a senti la verité des deffenses qu'on a données pour soutenir l'innocence de la Demoiselle Cadiere, & l'impuissance où son Deffenseur a été d'y répondre.

Pour nous renfermer donc uniquement dans celles qui regardent son Frere le Dominicain, forcé comme il est de repousser les impostures nouvellement imaginées contre lui dans le second Mémoire, nous allons nous reduire à quelques reflexions, & nous esperons de les apuyer sur des verités tellement évidentes, que la Societé aura de regret, si elle en est capable, de nous avoir mis dans la necessité de les lui opposer.

On impute trois principaux faits au P. Cadiere, sur lesquels on a fondé autant de chefs d'accusation.

1°. Qu'il a inventé & suggeré à sa Sœur les accidents Extatiques où elle a été sous la direction du P. Girard dans le dessein de les faire passer pour des miracles.

2°.

2°. Qu'il les a persuadés au P. Girard en composant à son insçû des Lettres & un Mémoire de Caréme contenant le détail de ces accidents & de ces miracles operez en la personne de sa Sœur, & s'est servi de son nom pour lui faire accroire qu'elle avoit écrit ces Lettres & ce Mémoire, en quoi il a abusé de la pieuse credulité de son Directeur.

3°. Que n'ayant pû soutenir la realité de ces miracles dont le P. Girard a manifesté la fausseté en abandonnant la Direction de sa Pénitene; le P. Cadiere a de concert avec son frere, sa Sœur, & le P. Nicolas, fait un complot pour persuader qu'ils venoient du Demon, qu'elle étoit possedée, & que le P. Girard l'avoit mise dans cet état.

Rien n'est plus chrétien que la moderation avec laquelle la Societé charge le P. Cadiere de tous ces faux faits, il est traité de fourbe, d'imposteur, de sacrilege, de violateur de la Religion, de calomniateur, de subornateur; c'est la retenuë, ce sont les menagements promis par l'Auteur en commençant son Memoire, & si le parti des injures, ainsi qu'il le dit lui-même, est d'ordinaire celui des causes desesperées, il acheve par-là de faire comprendre au public à qui il s'adresse, qu'il n'a pas jusques ici trop mal pensé de la cause du P. Girard.

Est-ce pour se dedomager des injures que la Societé supose que le P. Cadiere lui avoit dites dans son premier Mémoire en retour de l'éloge de l'Ordre des Dominicains? Cet éloge étoit en verité bien honnorable pour un Ordre dont on traitoit le Religieux de parjure. Nous avons répondu que cet Ordre ne connoit pas la direction d'intention, non plus que l'usage des équivoques & des restrictions mentales, & qu'il n'y a que ceux qui croyent & qui enseignent que l'on peut mettre en pratique cette science abominable, & jurer ainsi en sureté de conscience, à qui l'on puisse reprocher d'avoir cent fois parjuré la verité. L'Auteur du Mémoire nous impute d'avoir voulu décrier les Jesuites par cette reflexion, quoiqu'elle n'ait eu d'autre objet que la deffense du P. Cadiere. *On s'en est pris* (dit il) *à la Societé en rapellant des faits injurieux si souvent detruits.* Que veut-on nous dire par ce raisonnement? Avons-nous parlé de la Societé, & de quoi vint-elle se recrier? Si ces faits sont faux, & ne la regardent pas, pourquoi s'en fait-elle l'aplication, & nous prend-elle à partie; s'ils sont veritables, pourquoi prend-elle la verité pour des injures. Mais revenons aux chefs d'accusation nouvellement imaginez contre le P. Cadiere.

PREMIER CHEF.

Le P. Cadiere a inventé & suggeré les accidents extatiques, & les faux miracles de sa Sœur.

Trois reflexions découvrent l'imposture de ce premier chef d'accusation.

1°. La contradiction qui resulte des deux Mémoires du P. Girard sur ce chef.

2°. La fausseté du principe attribué au P. Cadiere.

3°. La conviction du P. Girard de la fausseté de ce principe.

La contradiction sur ce chef d'accusation est évidente par l'équiparation de ces deux Mémoires imprimez; dans le premier les deux Freres n'étoient coupables que d'avoir voulu faire passer leur Sœur pour sainte à miracles, d'avoir exalté sa sainteté, & fait valoir ses miracles *dont ils ne pouvoient* (disoit-on à la pag. 48. de ce premier Mémoire) *ignorer la fausseté.* Maintenant ce n'est plus cela, le P. Cadiere est l'Auteur de tous ces miracles, c'est lui qui a inventé toutes les Visions, les Extases, & les Ravissements qu'on voit dans le Mémoire du Caréme, & qui les a suggerez à sa Sœur.

Or en raisonnant dans la présuposition des Deffenseurs du P. Girard, faire valoir des miracles, & les avoir inventez, sont deux choses très oposées; il est naturel de penser que le P. Cadiere fasciné comme bien d'autres des prodiges qu'il voyoit s'operer en sa Sœur, a pû croire qu'elle étoit sainte, & dans cette prevention exalter sa sainteté, & faire valoir ses miracles, qu'on lui passe cette pieuse credulité, elle est bien excusable, voyant que le P. Girard qui étoit present à l'operation de ces prodiges, faisoit la même chose; il faisoit bien plus, il se saisissoit avidement d'une serviete empourprée du sang de la face de sa Pénitente, il recommandoit de conserver l'eau dont on lui avoit lavé le visage couverte de sang, disant que cette eau feroit des miracles, & qu'elle en avoit deja fait, enfin il la publioit pour une sainte. Voilà ce qu'on peut apeller faire valoir des miracles. Celui au contraire qui inventeroit ces miracles n'agiroit que par lui-même, il n'en commettroit l'execution à nul autre, le projet seroit extravagant sur un fait aussi délicat de se livrer à la discretion & au silence d'autrui, il n'y a que l'aveuglement d'une passion dereglée qui ait pû faire concevoir un projet de cette espece. D'ailleurs, il faudroit suposer pour fonder une imposture aussi grossiere, que le P. Cadiere, qui revenant de Paris trouva sa Sœur sous la direction du P. Girard, eût perdu la cervelle pour le croire capable non seulement d'une pareille invention, mais encore d'avoir confié un pareil secret à une Fille, dans le dessein de tromper un Jesuite qui la dirigeoit, & qu'il ne connoissoit point.

Il est donc impossible de concilier la contradiction qui resulte de ces deux manieres d'accuser le P. Cadiere, ni par consequent de sauver la fausseté de l'accusation.

En second lieu, cette fausseté paroit encore bien plus évidente en considerant celle du principe qu'on attribuë à ce Religieux pour le faire paroître l'auteur de ces miracles.

Il est certain, & nous l'avons prouvé dans nôtre precedent Mémoire, que la Demoiselle Cadiere n'a été livrée aux accidens prodigieux, dont la relation est contenuë dans le Mémoire du Careme, que par l'Obsession. L'Orateur de la Societé fait semblant de n'avoir pas compris les preuves évidentes que nous en avons raporté, cela ne seroit pas surprenant, on n'est pas facile chez lui à se rendre à la verité. Il dit que le Deffenseur du P. Cadiere au lieu de faire valoir sa pénétration à decouvrir ce qu'il apelle les fautes du P. Girard, pourroit se donner à plus juste titre l'éloge de s'être rendu impenetrable à ses Lecteurs; Mais de quels Lecteurs entend-il parler? Est-ce des Jesuites? On adopte volontiers l'éloge, il suffiroit pour s'assurer que par tout ailleur il s'est trouvé des Lecteurs plus sincerement intelligens, quand la seconde Impression du Mémoire n'en seroit pas le garant. Au surplus le reproche d'avoir voulu faire valoir sa penétration est ici très-mal placé; c'est aparemment l'effet du depit qui fait tenir ce langage; ce qu'il y a de sûr, c'est que celui à qui on fait ce reproche ne s'est piqué de sa vie de passer pour fort penétrant, & dans cette occasion il en a eu moins de sujet que dans tout autre.

Revenons à l'Obsession: la subtilité du Deffenseur de la Societé est admirable, enhardi par le goût du Siécle, il triomphe sur l'improbabilité de la Magie, mais il n'ose pas la donner pour une exclusion absoluë de l'Obsession, il parle plus sobrement là-dessus *Montre-t-on évidemment*, nous dit-il, *que l'Obsession de la Cadiere est une réalité.* Après quoi sans se mettre en peine de répondre aux preuves qui établissent cette réalité de l'Obsession, dont il n'ose disconvenir, il se reduit à deux mauvaises exceptions, l'une en soutenant que le P. Girard n'a jamais conseillé à la Cadiere cet état d'Obsession, l'autre que cette Fille ayant été delivrée de cet état lors de la mort de la Sœur de Remusat, dont il fixe l'époque environ le 15. Fevrier 1730. il en faut conclurre que tout ce qui est arrivé dans la suite à la Cadiere, les Extases, les Ravissemens & le reste, ne peut être pris pour des effets de l'Obsession, ni attribué au Démon, & qu'ainsi tout ce que les Freres en ont raconté dans leurs Mémoires n'est qu'imposture.

La premiére de ces exceptions ne merite aucune reponse, il n'y a qu'à jetter les yeux sur celles que le P. Girard a données depuis le quarante-uniéme Interrogatoire jusqu'au cinquante-uniéme, pour se convaincre du contraire.

L'autre exception tirée de la realité de l'Obsession est encore plus absurde; on veut que l'aparition pretenduë de la Sœur de Remusat, que le P. Cadiere, s'il avoit inventé de faux miracles & les avoit inspirés à sa Sœur, n'auroit pû sans doute imaginer n'ayant jamais sçû qu'il y eût une Sœur de Remusat au monde ; on veut donc que cette apparition ait été l'époque de la delivrance de l'Obsession ; sans s'apercevoir que l'on avoüe par là deux faits qui prouvent réellement & sans ambiguité, l'un que l'Obsession a été veritable avant cette delivrance, & par consequent que le P. Cadiere ne peut pas avoir mis sa Sœur dans cet état, & qu'elle n'y a été plongée que par le Démon ensuite de l'acceptation qu'elle en avoit fait, & l'autre que si cette Obsession avoit fini par l'aparition de la Sœur de Remusat, ce seroit justement par une vision & un prestige.

Or cette vision & ce prestige, à qui doit-on les attribuer ? Est ce au P. Cadiere ? Nous venons d'observer qu'il ne connoissoit pas la Sœur de Remusat. La Demois. Cadiere dit dans la Rélation que le nom de cette Religieuse lui étoit inconnu & ne lui fut manifesté que dans le moment de la Vision ; le Frere & la Sœur ne pouvoient donc l'avoir concerté. Il est avoüé de plus que tous les états de peine qu'elle avoit souffert jusques alors, étoient un effet de l'Obsession ; il est vrai que le P. Girard nie de lui avoir conseillé de l'accepter, & qu'il dement la preuve du contraire, quoiqu'elle s'induise clairement des Aveus qu'il en a fait dans ses réponses; mais cela ne conclud rien contre la réalité de l'Obsession ; & une fois qu'elle est avoüée jusqu'à la Vision de la Sœur de Remusat, il est clair que le P. Cadiere n'a ni inventé ni suggeré à sa Sœur les états dans lesquels cette Obsession l'a mise,

Cela fait tomber necessairement tout le sistéme de l'accusation que le Deffenseur de la Societé vient d'imaginer contre le P. Cadiere, en lui imputant d'avoir inventé & inspiré de faux miracles, & decouvre la fausseté du principe sur lequel on a bâti cette imposture.

Il n'est plus question que de sçavoir si cette Obsession a cessé depuis les Visions de la Sœur de Remusat, & si les Extases, les Ravissements, les Transfigurations & les autres accidents qui sont survenus après, sont de faux miracles inventés par le P. Cadiere pour tromper le P. Girard, ainsi que la Societé le supose en renfermant dans le Mémoire du Careme toute la force de sa preuve.

Pour la confondre encore là-dessus, & avec elle son Deffenseur, il faut passer à la troisieme reflexion, & faire voir que le P. Girard a été convaincu lui-même de la continuation de l'Obsession, & par consequent de la fausseté du principe qu'on se ravise aujourd'hui d'imputer au P. Cadiere d'avoir inventé les miracles contenus dans le Mémoire du Careme.

Deux raisons palpables prouvent la verité de cette conviction. La premiere resulte de ce même Mémoire de la Vision de la Sœur de Remusat qu'on nous oppose comme une piece décisive, elle l'est en effet, mais c'est contre le propre sistéme qu'on a élevé sur cette piece.

La delivrance de l'obsession fut si peu l'effet de cette Vision, évidemment inspirée par le P. Girard pour relever la pretenduë sainteté de la Sœur de Remusat dont il étoit le Directeur, que le 21. Février, c'est-à-dire, six jours après cette Vision dont le Deffenseur de la Societé a fixé l'époque au 15. du même mois, la Demoiselle Cadiere en eut une autre, c'est la premiere qui est raportée dans le Mémoire du Careme.

Or de deux choses l'une, ou le P. Girard sçavoit que la Vision de la Sœur de Remusat étoit une illusion, comme ç'en étoit une en effet, ou il la croyoit réellement veritable ; s'il sçavoit que c'étoit une illusion, de quoi l'on ne sçauroit douter, puisqu'il en étoit lui-même l'autheur, ainsi que nous l'avons fait voir, & qu'il n'oseroit l'imputer au P. Cadiere, il étoit donc persuadé que l'état d'obsession dans lequel étoit la Demoiselle Cadiere avant cette Vision n'avoit pas cessé, & par consequent que tous les accidents survenus du depuis étoient les effets réels & veritables de cette obsession ; d'où il faut conclurre que c'est une insigne suposition de les imputer aujourd'hui au P. Cadiere.

Si au contraire il croyoit que la Demois. Cadiere eût été veritablement delivrée de l'obsession par cette Vision, d'où vient qu'il la vit tranquillement dans la continuation du même état ? C'étoit bien-là l'occasion où il auroit dû s'en defier, à moins qu'on veüille persuader au public que ce Directeur qu'on nous dit si éclairé fût devenu pour lors hebeté. Eh quoi ! il auroit crû fermément la délivrance de l'obsession, & dans cette croyance, il n'auroit pas soupçonné qu'on pouvoit le tromper en voyant de ses propres yeux les mêmes accidents Extatiques, les Transfigurations, les Ravissemens, & il auroit écouté les relations que la Cadiere lui en faisoit à Toulon avant son entrée au Couvent, à Ollioules au Parloir, & par ses Lettres après qu'elle y fut entrée, & il n'auroit fait aucune demarche d'où l'on puisse induire qu'il ait eu la moindre défiance ? En verité lorsque la Societé & son Deffenseur viennent dire au public, que ce Mémoire du Caréme est une preuve que le P. Cadiere a trompé le P. Girard, & que c'est le P. Cadiere qui a inventé les faux miracles contenus dans cette Relation, prenent-ils les gens pour des idiots, ou s'imaginent-ils de parler à des Iroquois ?

Mais il y a bien plus, & c'est ici la seconde reflexion, non seulement le P. Girard n'a pas crû la Demoiselle Cadiere delivrée de l'Obsession par la vision de la Sœur de Remusat, mais il a précisement reconnu que toutes les peines & les accidens Extatiques qui lui sont survenus après, ont été la suite & les effets de cette même obsession.

Il ne faut pour s'en convaincre que jetter les yeux sur la réponse qu'il fit le 7. Juin 1730. à la premiere lettre que lui écrivit la Demoiselle Cadiere entrée au Couvent le jour d'auparavant, sur ce qui lui étoit arrivé en y allant. *Je ne sçaurois vous exprimer ici tous les assauts differents & cruels que j'ay ressenti jusqu'à ce moment, il sembloit que toutes les puissances infernales étoient de concert soulevées contre moi pour me faire éprouver toute leur rage & leur fureur, qui sans doute auroient esté capables de me faire succomber sous leurs coups, si la toute puissance du Seigneur ne les avoit dans un seul moment dissipez & écartez. En effet, mon cher Pere, j'ay ressenti par un effet particulier de sa grande misericorde au moment que je suis entrée dans le Monastere le tout s'évanoüir & se dissiper par une surabondance de graces & de douceurs interieures que j'ay goutées : je ne doute point que l'ennemi s'arréte-là pour long tems, & qu'il ne pense à me livrer des combats encore plus rudes.* On ne sçauroit méconnoitre à ce langage la continüation de l'Obsession bien marquée & bien désignée par les mémes états de peine & de consolation qui ont alternativement exercé cette Fille, après comme devant la prétenduë délivrance qu'on veut induire de la Sœur de Remusat.

Voici ce que répond le P. Girard, sa lettre est une confirmation de la verité de ces états, & la preuve entiere qu'il en étoit convaincu. *Je lui rends mille graces* (à nôtre Seigneur) *de vous avoir fortifiée dans la route contre l'attaque de l'ennemi, & d'avoir calmé la tempête qu'il avoit élevée, on m'a raconté une partie de ce que vous souffrites en chemin, & comme je m'y attendois, je n'en fus pas surpris* &c. Et au bas de la lettre on lit cette apostille. *Ecrivez-moy incessamment ce que vous aviez omis de me dire, comme je vous l'avois ordonné, & poursuivez briévement à marquer tout ce qui s'est passé en vous, réprenant depuis le commencement de vôtre état de peine jusqu'à l'entrée du Caréme, quand vous aurez écrit tout ce qui est arrivé depuis lors jusqu'à maintenant.*

Or de quel front peut-on soutenir après les termes de cette Lettre que le P. Girard ignoroit le principe & la cause des accidents de la Demoiselle la Cadiere, & que ces accidents de toute espece étoient de faux miracles inventés, & suggerés par le P. Cadiere.

Elle se plaignoit d'avoir éprouvé en chemin *toute la rage des puissances Infernales.* Le Pere Girard lui repond *qu'il s'y attendoit & qu'il n'en étoit pas surpris.* Il étoit donc pleinement convaincu que cette Fille continuoit d'étre Obsedée, & que cette obsession venoit du Démon ; elle lui explique ensuite les consolations interieures qu'elle a ressenti. Le P. Girard lui répond *que Dieu sçait temperer la fureur des adversaires, & dedomager de ce qu'on a souffert pour lui.* Il sçavoit donc que les Extases, les Ravissements, & le reste (que la Societé pretend au bout de la page 32. de son nouveau Mémoire que nul n'a jamais oüi dire) étoient les effets de l'Obsession, l'obsession, & qu'ils n'étoient pas incompatibles avec les operations des Démons.

Il ordonne à la Demoiselle Cadiere de lui marquer *tout ce qui s'étoit passé en elle, reprenant depuis le commencement de son état de peine jusqu'à l'entrée du Carême*, quand elle auroit écrit tout ce qui lui étoit arrivé depuis lors jusques au jour de sa Lettre. Or cet état de peine avoit continué pendant le Carême, ainsi qu'il paroit par la relation qu'elle en a fait; le P. Girard regardoit donc l'état où elle avoit été avant le Carême comme la même chose & les mêmes effets de l'Obsession.

Le voilà donc convaincu d'avoir eu une pleine connoissance de cet état, d'en avoir sçû la cause & le principe, les preuves que nous venons d'en raporter n'ont aucune repartie, nous les tenons de sa propre main, de ses Lettres qu'il a produit & qu'il a renduës publiques par l'Impression. Que deviennent après cela tous les raisonnemens de la Societé, & cet amas énorme de reflexions dont elle tire à son gré tant de fausses conséquences pour inculper le P. Cadiere, & lui imputer l'invention & la suggestion des faux miracles operés en la personne de sa Sœur? Comment trouver tout cela dans la relation que contient le Mémoire du Carême, que les Jesuites alterez depuis si long-tems à chercher des moyens de recrimination pour affoiblir l'horreur des crimes du P. Girard, font ridiculement qualifier *de corps de delit*, & qu'ils publient, en l'attribuant aux Freres Cadieres, *être l'ouvrage de quelque fourbe, imposteur & sacrilege.*

Tels sont les termes par lesquels ils expriment le menagement & la circonspection qu'ils se reconnoissent obligez d'avoir, pour un Prêtre, pour un Religieux membre d'un Ordre respectable dont ils continuent de faire l'éloge; que veulent ils qu'on pense, lorsqu'on les voit employer de pareilles expressions pour la deffense d'une Societé qui devroit être plus attentive que toute autre à ne jamais rapeller les idées qu'elles presentent à l'esprit; & son Deffenseur en les repetant comme il fait dans toutes les pages de son ouvrage, doit-il s'étonner que chacun trouve sa cause desesperée lorsqu'il fournit la régle & la raison de la decider ainsi contre lui, *ex ore tuo te judico*: disons après lui-même & avec plus de sujet que lui: *Nous sçavons que le Public peut bien être amusé pendant quelques instans par des traits hardis & satiriques, mais ayant une fois reconnu la surprise qu'on lui a fait, il deteste la satire & les injures, & demande des raisons, sur tout dans une cause où il n'est pas moins de l'honnête homme que du Chrêtien de chercher la verité de bonne foy & sans prevention.*

Mais achevons de montrer au public que le Deffenseur de la Societé n'a rien moins cherché que la verité & la bonne foy dans tout ce qu'il dit contre le P. Cadiere sur ce premier chef d'accusation, il nous reste à examiner deux autres observations dont il a grossi son Mémoire pour rejetter sur ce Religieux l'invention & la fausseté des miracles de sa Sœur.

La premiere de ces observations est un trait de malignité Jesuitique qui n'est propre qu'à confirmer l'aveuglement qui regne toûjours dans les deffenses de la Societé dans les causes de l'espece de celle-ci.

Ce n'est pas le P. Girard (nous dit-on) qui a inspiré à sa Pénitente toutes les visions qu'on lit dans le Mémoire du Caréme; comment les freres Cadieres ont-ils pû adopter cette idée ridicule en insinuant que ces visions avoient été puisées dans les vies de Marie d'Agreda & de la Sœur Alacoque. Le P. Girard n'a jamais lû la vie de Marie d'Agreda, & pour celle de Marie Alacoque composée par Mr. l'Archevêque de Sens, elle a été imprimée pendant que le P. Girard étoit à Toulon, & il n'est pas moins certain qu'avant le mois de Novembre dernier, il n'y en avoit en cette Ville aucun exemplaire.

Nos reflexions seroient inutiles pour montrer la mauvaise foy qui regne dans tout ce raisonnement, nous prions la Societé de nous expliquer, si, comme elle l'assure, dans le mois de Novembre dernier nul de ces exemplaires n'avoit encore paru à Toulon, d'où la Demoiselle Cadiere pouvoit avoir apris lors de la pretenduë Vision de la Sœur de Remuzat qu'on place au 15. Fevrier 1730. qu'il y avoit une Marie Alacoque qu'elle dit être sa Sœur, qu'elle apelle bienheureuse, & à laquelle elle associe la Sœur de Remuzat dans le même degré de gloire?

Le Deffenseur continuë, *il n'a trouvé (dit-il) dans ces Livres aucun vestige des miracles de la Cadiere*; & de-là par une figure de Rethorique se plaignant de ce qu'on lui a fait consumer le tems à pareilles recherches, & que par là on l'a engagé à foüiller dans plus d'un Livre, un étonnement qui vient le saisir à propos le force de dire au Public, qu'il a découvert les originaux de toutes les pretenduës merveilles de la Cadiere dans un Livre consacré à l'Ordre de Saint Dominique, d'où l'on pourra juger, *si c'est le Jesuite ou le Dominicain qui a inspiré à la Cadiere de copier des exemples, & d'en abuser avec tant d'impieté.*

Ne se désabusera-t-on jamais dans cette Societé de chercher à se justifier sans succez par les ouvrages d'autrui ? Nous ne dirons rien ici de la sincerité avec laquelle on assure d'avoir lû la vie de la Sœur Marie Alacoque, nous nous en raportons volontiers là-dessus au jugement du Public : nous entreprendrons encore moins de raporter tout ce que nous pourrions observer pour montrer le mauvais usage qu'on a fait du Livre du R. P. Jean de Sainte Marie Dominicain, nous voulons y suposer toute la conformité que l'on a taché de representer dans les colomnes dont on a rempli avec tant d'affectation les pages 28. & 29. du Mémoire, entre les accidents & les miracles de la Cadiere, & ceux qui sont contenus dans ce Livre, que l'on pretend se trouver à peine dans toute autre Biblioteque que dans celle des PP. Dominicains; Mais de tout cela, s'ensuit-il, que parce que le P. Cadiere est Dominicain, c'est lui qui a inspiré à sa Sœur d'imiter ces exemples, parmi lesquels il est bien fâcheux pour la Societé qu'on n'ait pû trouver qu'aucun Directeur de ces bienheureuses se soit enfermé sous la clef plusieurs fois, & des heures entieres dans leur chambre seul à seul avec elles, pour verifier les miracles, & les contempler pendant leurs Visions extatiques en attendant que l'accident fût passé pour leur parler de Dieu.

Comment veut-on persuader au public que ce Livre qu'on pretend si rare & si difficile à trouver, ait échapé à la curiosité d'un Jesuite, & le donner pour piece probante & décisive que nul autre qu'un Dominicain n'a pû le decouvrir & en faire usage; c'est peut-être le seul de tous les ouvrages des Dominicains adopté par la Societé pour se soutenir, & s'authoriser dans le goût de misticicité qui regne depuis un certain tems parmi ses plus importans Directeurs, & qui l'ont portée au sublime degré.

Ainsi quand nous n'aurions pas montré plus clair que le jour que le P. Cadiere n'a jamais eu ni pû avoir aucune part aux accidents extatiques qui ont été la suite de l'Obsession visiblement aprouvée par le P. Girard, & s'il falloit nous reduire à ne raisonner que par presomption, croiroit-on plûtôt que le Dominicain se soit servi de ce Livre pour y copier comme on le supose les visions & les faux miracles de sa Sœur obsedée, que le P. Girard son Directeur, qui par ses réponses fait comprendre, plus que la Societé ne le voudroit, qu'il a été lui-même l'autheur de cette Obsession.

On peut même lui rendre la justice de croire qu'il n'a pas eu besoin de ce Livre, ni de le montrer à sa penitente pour la confirmer dans les états où il l'avoit mise, & lui fournir un modele de ses visions. Les Jesuites ont trop bonne opinion des ouvrages de leurs Autheurs, & de la morale que l'on trouve dans leurs Livres, pour permettre à leurs Devotes de faire d'autres lectures, nous en avons la preuve dans la procedure par la deposition de la Batarel 38. temoin penitente du P. Girard, & dans les mêmes états que la Cadiere; parmi les divers accidents où le Batarelle s'est trouvée & dont elle fait le détail, elle raporte entre-autres *qu'il y avoit un an le 4. du mois d'Octobre jour de Saint François d'Assise qu'étant dans l'Eglise des R. R. Peres Capucins pour y entendre le sermon, ayant en main un Livre* du P. Surin Jesuite que le P. Girard lui avoit prêté, *& qui étoit pourlors à la Bastide des Peres Jesuites, ledit Pere Recteur lui fut representé à elle deposante ayant un visage gay, riant & plein de santé, ce qui ne fut qu'une simple vision & non une realité* &c. On voit par là que la Cadiere n'étoit pas la seule penitente du P. Girard qui avoit des Visions. Le P. Cadiere n'auroit-il point encore inspiré celle-cy à la Batarelle ?

Mais ce n'eſt pas ce qu'il y a de plus remarquable dans la depoſition:la Batarelle raporte un fait bien plus concluant qui decouvre ſi les penitentes du Pere Girard avoient beſoin qu'on cherchât des modelles dans le Livre du Dominicain pour regler leurs Viſions. Le Livre du P. Surin qu'il avoit prêté à celle-ci, comme elle le declare, nous aprend d'où venoient les inſpirations ; & pour s'en convaincre, il n'y a qu'à expliquer en deux mots quel eſt le Livre de ce Jeſuite, & quelle en eſt la matiere.

Cet ouvrage a paru en quatre Volumes, les deux premiers ſous le titre de *Lettres ſpirituelles du R. P. Surin de la Compagnie de Jeſus* ; les deux autres ſont intitulez, *Dialogues ſpirituels où la perfection Chrêtienne eſt expliquée pour toute ſorte de perſonnes.* Nous ne dirons rien de l'Edition faite à *Avignon chez les Freres Delorme en* 1721. *avec une atteſtation ſignée Courcier Theologal de Paris* ; c'eſt tout le Privilege qui paroit autoriſer ce Livre : quoiqu'il en ſoit, il n'y a qu'à l'ouvrir pour ſe convaincre d'où peuvent avoir procedé les modeles des Viſions qu'on ſupoſe avoir été inſpirées par le Pere Cadiere ; nous y trouverions s'il en étoit beſoin dequoi faire une colomne pour le moins auſſi étenduë que celle qu'a formé la Societé dans ſon Memoire, pour marquer la conformité de ces Viſions. Quelques exemples nous ſuffiront, & nous aideront à racourcir nôtre réponſe, ſans toutefois rien derober à la force des preuves.

Les freres Cadieres (nous dit la Societé pag. 12. & 13.) *ont dû ſentir qu'on ne les croiroit pas ſur leur parole, lorſqu'ils aſſureroient que leur Sœur leur a dicté ce Memoire, & que cet écrit ne paſſeroit jamais pour l'ouvrage d'une Fille de* 18. *ans, qui ſçavoit à peine lire & ſigner ſon nom, ainſi qu'ils l'expoſent, d'une Fille élevée juſques alors dans le fonds d'une boutique, qui neanmoins employe les termes de l'Ecole, & ſe donne les airs de parler de ce qu'il y a de plus relevé dans la Philoſophie & la Theologie.*

Le P. Surin dans ſa premiere Lettre vol. 1. aſſez conforme au ſtile de celles du P. Girard pour le langage & pour la doctrine, raporte d'avoir vû & de s'être entretenu avec un jeune homme de 18. ans qui ne ſçavoit ni lire ni écrire, ſimple, & fort groſſier, dans ſon exterieur, qui n'avoit jamais été inſtruit par des hommes de la vie interieure, qui lui en parla avec tant de ſubtilité, d'abondance & de ſolidité, que tout ce qu'il avoit lû & oüi dire n'étoit rien au prix de ce que ce jeune homme lui avoit dit ; & entre pluſieurs réponſes qui le jetterent dans l'étonnement, *il me parla* (dit-il page. 3.) *quaſi toute une matinée de divers états de la plus haute & parfaite union avec Dieu ; des communications des trois Perſonnes de la Trinité avec l'ame ; de l'incomprehenſible familiarité de Dieu avec les ames pures ; des ſecrets que Dieu lui avoit fait connoître touchant les effets de ſa Juſtice à l'egard des ames qui n'avancent pas dans la perfection bien qu'elles la deſirent ; des divers Ordres des Anges, & des Saints.*

Le même P. Surin Vol. 2. de ſes Lettres, parlant de l'état d'une Dame de Xaintonge dirigée par un Jeſuite, dit pag. 122. *Qu'elle avoit des ſublimes notions de l'Etre Divin, de la Trinité, des Perſonnes Divines, des Divins Attributs, des Miſteres de Dieu & de ſes œuvres.* Il ajoûté page 127. *Qu'elle participoit abondamment aux Treſors de la ſageſſe & de la ſcience de Jeſus-Chriſt, ayant un merveilleux talent pour parler des choſes ſpirituelles, & un rare don de conſeil.*

La Cadiere (nous dit-on) pretendoit connoître l'interieur des conſciences, & l'avoir découvert à pluſieurs perſonnes, auſſi bien que leurs pechez cachez.

Le P. Surin dans la même relation pag. 126. dit, *Que la même Dame dont il parle avoit une ſi grande abondance de lumiere, qu'elle lui ſervoit pour penetrer dans l'interieur de ceux avec qui elle converſoit :* & pag. 133. *Qu'elle voyoit ſouvent l'état interieur des Prêtres qui lui donnoient la ſainte Communion, & des perſonnes qui communioient avec elle, quoi qu'elle eût les yeux fermez, elle les voyoit des yeux de l'eſprit, qu'elle voyoit même l'état des morts pour qui elle prioit.*

La Demoiſelle Cadiere avoit des tentations du Demon, elle étoit dans un état de peine, elle avoit des viſions, des illuſions ; la vie de celle dont le Pere Surin fait l'hiſtoire, eſt toute remplie de pareils évenemens.

La Demois. Cadiere avoit des ravissemens, elle voyoit Dieu, la gloire Celeste le Trône de la Sainte Vierge, celui de Saint Joseph, les Saints, & les Anges.

Dans la même histoire que raporte le P. Surin, pag. 133. & 134. la même personne avoit vû *le Triomphe de la Sainte Vierge de la même maniere qu'il se fit à son entrée dans le Ciel ; Saint Joseph un jour de sa Fête se montra à elle par surprise, & lui communiqua de grandes lumieres pour l'avenir.*

Le Deffenseur de la Societé pag. 32. fait des exclamations, & traite d'absurdité les Visions alternatives, Celestes, & Diaboliques raportées dans le Mémoire du Carême.

Le P. Surin dans une addition à la precedente Lettre qu'on vient de raporter parlant d'une sienne penitente pag. 146. après avoir dit qu'elle avoit *le don de Prophetie, des Extases & des Visions*, ajoûte *que la conduite de son ame étoit un melange prodigieux de très-hautes operations de l'esprit de Dieu & de malignes operations du demon, qu'elle passoit incessamment des unes aux autres, & que cette alternative dura jusqu'à la mort.*

Il faut observer que ce Jesuite, comme il est raporté au même endroit, avoit été commis pour exorciser les Religieuses possedées de Loudun ; tout le monde sçait cette Histoire ; & le tragique évenement du Curé Grandier qui fut condamné au feu pour Sortilege. Il est aparent que le P. Surin n'étoit pas si incredule sur les effets de la Magie que ses Confreres font aujourd'hui semblant de le paroître.

Quoiqu'il en soit, il est dit au même endroit que quand ce Pere fut arrivé à Loudun, dez les premiers combats qu'il eut avec celui des Démons qui étoit le plus occupé à travailler la Mere Superieure ; il connut *que les Diables qui la possedoient étoient les mêmes qui obsedoient Magdeleine Boinet* (sa penitente) *à Marennes, & ce Démon le chef de la possession de Loudun lui dit des choses très-secrettes que Magdeleine lui avoit declarées, lorsqu'elle lui rendoit compte de sa conscience comme à son Directeur,*

La Societé peut voir par ce témoignage de son Confrere la difference qu'il y entre la Possession & l'Obsession, & par quel moyen l'état interieur des consciences peut être connu : le P. Surin dit encore *que les Démons se vengeoient sur sa penitente par toutes sortes de vexations exterieures & interieures.*

Nous ne finirions point s'il falloit raporter ici tout ce qu'il y a de conforme dans l'ouvrage de ce Jesuite à l'état Extatique de la Demoiselle Cadiere ; nous observerons seulement qu'il donnoit pour principes de la vraye abnegation, comme on le voit à la page 391. du premier Volume de ses Dialogues, non pas des prieres, il n'y en est pas du tout question, il ne s'y agit que des choses qu'il apelle *des aides pour aller à Dieu*, qu'il dit être de deux sortes, *les unes exterieures comme les Sacrements, les lectures, les predications, la communication avec quelques bonnes personnes & avec son Directeur, les autres interieures comme les visites de Dieu, & ses operations particulieres, les paroles qu'il dit au fonds du cœur, les Visions, les Extases, les Ravissements, les tendresses de l'amour Divin, & les autres graces pareilles.*

Après ces observations, qui decouvrent quel a été le vrai principe des états de la Demoiselle Cadiere, & la maniere dont le P. Girard instruisoit ses penitentes par les Livres du P. Surin qu'il leur donnoit à lire ; qui ne sera indigné du sang-froid avec lequel la Societé fait dire dans son Mémoire pag. 30. *qu'il n'y a personne qui ne doive convenir que ce n'est pas le Pere Girard qui a inspiré toutes ces Visions & ces faux miracles à sa penitente, mais que c'est le Pere Cadiere lui-même qui les avoit copiées du Livre Dominicain, d'ailleurs fort obscur, dont il a eu soin de changer les termes surannés.* Il n'y a de remarquable dans tout ce raisonnement rempli d'une suposition grossiere qui le decredite, que le mepris pour ce Livre qui échape ici à l'orgüeil Jesuitique. Mais ne seroit-ce pas une autre preuve que le P. Girard peut avoir eu le même gout, il écrit & parle avec trop d'élogance ; & ne pourroit-on pas conjecturer raisonablement voyant la politesse des Lettres, qu'il a dedaigné de lire & de faire lire à ses penitentes un Livre obscur écrit dans des termes surannés ; cela parle assez de soi-même.

Venons.

Venons à la seconde exception. Si la premiere est remplie de malignité, celle-ci ne sert qu'à manifester l'ignorance soit veritable ou affectée de l'Auteur du Mémoire, qui reconnoissant la foiblesse de ses raisons, apelle toûjours le merveilleux, le prodigieux à son secours.

Qui croira (dit-il page 12.) *que la Cadiere ait passé tout le Carême de 1730. sans prendre aucune nourriture excepté de l'eau, ainsi qu'on le voit énoncé au premier jour du Mémoire du Carême écrit par ses Freres, y a-t-il quelqu'un qui osât soutenir que ce fait est veritable, & qu'il est l'effet de la puissance du Demon, il est certain qu'il est unique dans son espece, & que les Deffenseurs de la Cadiere & de ses Freres qui ont si serieusement feüilleté des Livres pour y chercher des effets du sortilege & le pouvoir des Démons, n'auroient pas manqué d'en raporter des exemples s'ils en avoient trouvé quelqu'un.*

Cette magnifique ouverture est la baze & l'apuy d'une tirade de reflexions & de raisonnements, d'où le Deffenser de la Societé forme à son gré une foule de consequences, sur-tout par raport à l'avortement, & conclud enfin que la fausseté visible de ce prodige est une preuve sans replique de la suposition de autres.

Nous voilà certainement bien en peine si nous n'étions pas accoûtumez aux rodomontades de la Societé, elle regretera de s'être attirée une réponse qu'elle nous force de lui faire pour montrer l'ignorance de son Deffenseur, car nous avons peine à nous persuader qu'elle ait sincerement aprouvé la hardiesse du défi qu'il nous fait.

Nous sommes de bonne foy, nous avoüons d'abord que passer 40. jours sans manger paroît tenir du prodige ; mais quiconque connoit un peu les Livres n'a pas besoin d'être long-tems à les feüilleter pour se convaincre que ce prodige aparent peut très-bien s'operer naturellement.

Veut-on des exemples : *Æneas Silvius de dict. & fact. Alphonsi Regis*, atteste après Albert le Grand, le jeûne de 40. jours & 40. nuits d'une femme de Pavie, *se vidisse Patavii mulierem quæ in dies 40. totidemque noctes nihil omnino ederet.* On en trouve une infinité d'autres semblables & encore plus prodigieux compilez par Paul Lentulus celebre Medecin & Professeur de la Republique de Berne, dans son Livre *de prodigiosa inedia*, celui d'une Fille d'un Vilage de ce Canton qui passa trois ans sans manger ni boire : d'une autre Fille de la Ville Imperiale de Spire que le Roy Ferdinand fit observer & verifier par ses Medecins, avoir alors passé trois ans sans manger, & qui toute fois se portoit bien : d'une autre Fille dans le Palatinat du Rhin que les Jesuites disoient être une sainte, qu'on verifia par ordre du Comte Cazimir Palatin avoir passé actuellement alors sept ans sans manger, & qui toutefois se portoit bien : Un autre d'une Fille en Espagne qui à l'âge de 22. ans n'avoit encore vécu que de l'eau, *visam in Hispania puellam quæ comederet nihil ac haustu solum aquæ vitam confoveret, & annum jam ageret secundum & vigesimum.*

On omet tous les autres exemples qui sont raportés dans ce Livre, on en trouvera plusieurs qui sont encore rapellés par *Zachias Quæst. Medicolegales Lib.* 4. *tit.* 1. *Quæst.* 7. même d'une femme grosse qui avoit passé six semaines presque sans manger ni boire, *gravidam quandam fæminam sex hebdomadarum spatio absque cibo fere & potu permansisse.* Cette derniere observation va deconcerter un peu l'admiration de l'Autheur du Mémoire, & l'induction qu'il tâche de tirer de l'abstinence de la Demoiselle Cadiere pour détruire les preuves de l'avortement, comme si l'on pouvoit ignorer, que dans les premiers mois de grossesse la plûpart des femmes ont ordinairement un rebut universel pour toute sorte d'aliments.

De plus, il sera aisé de comprendre que les exemples allegués quoiqu'ils paroissent prodigieux & bien plus merveilleux qu'une abstinence de 40. jours, peuvent fort bien être expliqués par des causes très-naturelles, ainsi que l'observent les Medecins, particulierement pour ce qui concerne les Filles, parce que leur temperament plus froid que celui des hommes, leur donne plus de facilité pour jeûner de même qu'aux Vieillards, selon Hypocrate *Aphorism.* 13. *Ob id senes facilius jejunium ferunt, ita puellas quoque ob frigidam corporis constitutionem facilius masculis ferre inediam credere fas est*, la plus grande quantité d'humeurs crûës & pituiteuses leur sert d'aliments : *quòd nutriantur ex humore crudo & pituitoso in eorum corporibus congregato*, dit *Zachias* en l'endroit preallegué No. 44. d'où il conclud au No. 57. qu'un pareil jeûne peut bien être reputé rare, mais qu'il n'y a rien de miraculeux, & qu'il est très-naturel, *jam inde latissimè patet longum jejunium, nimirum non modo quod ad quadraginta dies, sed ad plures menses & annos toleretur, esse rem maximè naturalem, nihilque in se miraculosi continere, sed potius rari, quod quidem in pluribus veritatem habere manifestum est*. Il repond tout de suite à l'objection qu'on nous fait du jeûne de 40. jours de Moïse & d'Elie, d'où l'on veut induire que cela ne peut arriver que par miracle, c'est (dit-il) parce que la cause de ces jeûnes étoit surnaturelle. *Omnis cujuscumque alimenti subministratio deficiebat, non externi solum sed interni*; au lieu que les autres peuvent être interieurement nourris par les humeurs, *interno alimento*.

On voit par là combien le Deffenseur de la Societé s'est avanturé de crier au prodige, & de nous défier de pouvoir trouver des exemples d'une abstinence de 40. jours ; celle de la Cadiere paroit bien moins surprenante & plus possible, puisqu'elle prenoit au moins de l'eau, comme on est forcé d'en convenir, ce qui paroit encore plus avoir pû suffire pour la nourrir dans l'état où elle étoit.

Or si tous ces longs jeûnes dont nous venons de parler, ont pû être si long tems suportés par une cause naturelle ; qui n'admirera la hardiesse avec laquelle le Deffenseur de la Societé affirme que ce ne peut être l'effet de la puissance du Démon. *Y a-t-il quelqu'un* (nous dit-il) *qui osât le soutenir*? On pourroit répondre, & il seroit facile de le prouver s'il le faloit, que le pouvoir de se servir des choses naturelles & de les mouvoir n'est pas disputé au Démon, c'est de quoi tous les Docteurs conviennent.

Mais pour lui fermer la bouche s'il se peut, & lui prouver que le Démon peut operer naturellement ce pretendu jeûne prodigieux, non seulement de 40. jours, mais plusieurs mois, il n'y a qu'à le renvoyer aux Docteurs de la Societé, la decision du Jesuite *Delrio* ne lui sera peut-être pas suspecte : voici comme il s'explique, c'est au Liv. 2. *Disquisit Magicar. Qu. 21. edit. de Lyon par Pilleote en 1612. pag. 93. col. 2. C. ultimum erat de inedia perferenda, de quo non est dubitandum, posse diabolum efficere, ut quis mensium multorum ferat inediam, potest enim id naturaliter contingere*, il raporte ensuite les mêmes exemples que nous avons tirées des Docteurs preallegués.

Terminons ici nos reflexions : le P. Cadiere accusé d'avoir publié les faux miracles de sa Sœur par le premier Mémoire du P. Girard, & par le second de les avoir inventés ; est-il l'auteur de ces miracles ? La variation sur ce chef d'accusation, la fausseté du principe sur lequel on l'a fondée, la conviction du P. Girard de la fausseté de ce principe, la pleine connoissance qu'il a eu de la continuation de l'Obsession, justifiée par ses propres Lettres, & dont ses Aveus ne manifestent que trop qu'il est l'auteur ; toutes ces circonstances si certaines, si évidentes, ne sont-elles pas autant de preuves qui demasquent le vray calomniateur ? Quelle honte pour la Societé d'avoir adopté tant de propositions erronées & grossieres, avanturées par son Deffenseur dans ce Mémoire dont elle s'attribuë la conduite & la direction ? D'avoir imputé au P. Cadiere qu'il a pris dans le Livre d'un Auteur de son Ordre la copie des prestiges qui ont agité sa Sœur, qui sont les effets certains de l'Obsession dans laquelle son Directeur l'a plongée, & le propre ouvrage de ce Directeur ; tandis qu'il est prouvé par la procedure qu'il avoit lui-même le Livre original de tous ces prestiges, & qu'il le faisoit lire à ses Penitentes. Mais quel regret cette orgueilleuse Societé ne devroit-elle pas sentir, si elle n'en étoit incapable, d'avoir souffert dans ce Mémoire qu'un Religieux dont l'innocence paroît même au travers de toutes les supositions qu'on a fait pour l'oprimer, soit traité comme un fourbe, un imposteur & un sacrilege.

SECOND CHEF.

Que le P. Cadiere a persuadé au P. Girard les faux miracles de la Demoiselle Cadiere en composant des Lettres à son insçû, & le Memoire du Caréme.

Dez que nous avons prouvé que le P. Cadiere n'a ni inventé, ni suggeré à sa Sœur les faux miracles, & que c'est une noire suposition de les lui imputer, nous n'avons plus besoin de nous arrêter long-tems pour persuader que ce second Chef d'accusation est une suite de la même imposture.

Pouvoit-on imaginer un projet plus absurde; les accidens extatiques, les visions, les miracles racontez dans les Lettres envoyées au P. Girard par la Demois. Cadiere auroient-elles seulement commencé de lui faire accroire que tout cela étoit veritable? Il n'y avoit jusqu'alors ajoûté aucune foy; les mêmes accidens, les mêmes prodiges arrivez à sa Pénitente avant l'entrée du Couvent, & dont il avoit été le témoin, ne l'avoient pas determiné.

Il sçavoit l'acceptation de l'Obsession qu'il avoit laissé faire à sa Pénitente depuis la fin de Novembre 1729. il avoüe par ses réponses qu'elle lui en avoit raconté tous les effets, les peines interieures, les douleurs exterieures *telles à peu près qu'ont souffert les Saints dans leur martyre*; qu'elle lui avoit expliqué ses Visions, celle du Livre des sept Seaux, ses mouvemens, les connoissances particulieres qu'elle recevoit de ce qui se passoit en elle, de ce qu'elle devoit faire, de ce qui se passoit chez les autres, ses visions des Saints, celle du Mardi gras, la voix qui lui dit, *je veux vous conduire dans le desert*; son abstinence de Caréme sans prendre aucune nourriture solide; qu'il avoit vûë chez elle lors de son Obsession tantôt levée, tantôt couchée; qu'il avoit vû les mouvemens convulsifs que cette Obsession lui causoit; qu'il étoit seul avec elle lorsque l'accident la prenoit, *& qu'il attendoit qu'il eût passé pour lui parler de Dieu*; qu'il avoit été present aux deux transfigurations du Vendredi-Saint & du 8. de Mai; qu'il avoit vû ses stigmates quatre ou cinq fois; qu'il avoit repris severement sa Pénitente, qui y avoit mis un emplâtre, de son peu de courage, & de son peu de foy. En un mot, il avoit vû réellement, il avoit examiné, discuté assidûment l'esprit, touché & fait l'analise du corps de cette Fille, sûrement & en secret fermé dans sa chambre. Tout cela s'étoit passé avant qu'elle entrât au Couvent; & sur toutes les réponses aux Interrogats qu'on lui a fait pour sçavoir ce qu'il en croyoit, il a dit qu'il en doutoit, qu'il n'y ajoûtoit pas beaucoup de foy, qu'il suspendoit son Jugement.

Il est donc vrai que si suivant l'absurde suposition de ce second chef d'accusation, le P. Cadiere avoit eu part à ces accidens, & les avoit complotez avec sa Sœur pour tromper la pieuse credulité du P. Girard, il n'y auroit pas réussi jusqu'alors, & ne seroit pas venu à bout de vaincre ses doutes, qui subsistoient nonobstant l'examen qu'il en faisoit par lui-même de fort près.

Or ce que tous ces évenemens, tous ces objets réels & palpables n'avoient pû operer; comment les Lettres écrites du depuis du Couvent d'Ollioules, le Mémoire contenant la relation de ces accidens, de ces visions, des extases, des revelations, des ravissemens survenus à cette Fille enfermée dans le Monastere auroient-elles produit ce rare & surprenant effet? Seroit-ce point l'éloquence, le stile qu'on se ravise aujourd'hui de dire être si brillant & si persuasif dans ces lettres, & cette relation, qui auroient vaincu les doutes du P. Girard, & operé sa conviction; car il paroit par les réponses par lui faites à ces lettres qu'il ne doutoit plus? Point du tout, c'est tout autre chose, on l'a trompé, on lui a fait accroire que c'étoit la Demoiselle Cadiere qui écrivoit elle-même ses lettres, & que c'étoit le P. Cadiere qui les composoit & son frere l'Abbé qui les transcrivoit au net, le P. Cadiere & l'Abbé avoient fait la même chose de la relation des accidens du Caréme. Voilà quel a été l'artifice dont le P. Dominicain s'est servi pour lui persuader les faux miracles de sa Sœur, artifice deja pratiqué par une lettre composée à Toulon par le Dominicain, transcrite par l'Abbé, & envoyée d'Aix par la Sœur en suposant qu'elle l'avoit écrite, artifice réïteré dans la relation particuliere de ce voyage fait à Aix ; artifice enfin continué dans toutes les lettres à lui envoyées par la Demoiſ. Cadiere toûjours minutées par le Dominicain, toûjours tranſcrites par l'Abbé, on ſe ſervoit de la main de celui-ci, parce que ſon écriture eſt plus aprochante du caractere d'une Fille, & jamais de celle du Dominicain, parce qu'il écrit d'un caractere plus ſerré.

Si tout ce raiſonnement qui n'eſt qu'une enchaînure d'artifices & de ſupoſitions, étoit vrai ; nous demanderions encore, en quoi eſt-ce qu'auroit contribué l'idée qu'on auroit voulu donner au P. Girard que ces Lettres & la Relation du Caréme venoient de la main de la Demoiſelle Cadiere pour en conclurre, que c'eſt par cet artifice pretendu que ſes freres lui ont fait accroire ſes miracles. Seroit-ce parce que la prévention où il pretend qu'on l'avoit mis & qui le faiſoit penſer que ſa pénitente lui écrivoit de ſa main, lui faiſoit trouver le langage plus cher & plus perſuaſif ; il avoit vû ces mêmes accidents de bien plus près, puiſqu'il les avoit diſcutés ſur la perſonne de cette Fille avant ſon entrée au Couvent, & même après qu'elle y fut entrée dans la viſite qu'il lui fit le 7. Juillet fermé de nouveau dans ſa chambre, où au grand ſcandale des Religieuſes, il ſe donna le tems trois heures durant de reprendre les derniers errements de ſes precedens examens, de ſatisfaire la faim qu'il avoit de la revoir, & de tout voir, & de ſe reintegrer dans la poſſeſſion de ſon bien, n'ayant depuis long-tems rien vû qu'à demi.

Les ſeules lumieres du ſens commun font comprendre à quiconque eſt capable de penſer, que la pretenduë compoſition des Lettres & de la Relation du Carême attribuée au P. Cadiere, non plus que la prévention que le P. Girard ſupoſe fauſſement qu'on lui a donné, que c'étoit ſa pénitente qui avoit écrit le tout de ſa main ; n'auroient jamais pû augmenter ſa foy ni ſa croyance ſur la realité de ſes miracles s'il n'en avoit connu le principe lui-même comme il le connoiſſoit, puiſqu'il en étoit l'autheur.

Tout cela ainſi clairement demontré, que devient ce nouveau chef d'accuſation que l'on fait au P. Cadiere, d'avoir perſuadé ces miracles au P. Girard ; & de quoi ſervent les raiſonnemens infinis dont le Deffenſeur de la Societé a rempli ſon nouveau Mémoire ? On y voit qu'il ſe donne la torture, qu'il ſe met dans l'agitation pour trouver ſur les Lettres de quoi ſoutenir ſon faux ſiſtéme, ſans avoir pû parvenir à le rendre vraiſemblable.

Ce ſeroit perdre le tems à des repetitions inutiles d'entreprendre une revûë de ces Lettres, nous l'avons faite autant qu'il nous a été poſſible de le faire exactement dans nôtre precedent Mémoire ; nous avons prouvé par la teneur de ces Lettres que le P. Girard étoit pleinement convaincu qu'elles n'étoient pas écrites de la main de la Demoiſelle Cadiere, qu'il étoit inſtruit qu'elle ne ſçavoit ni ne pouvoit écrire, & qu'à peine pouvoit-elle mettre ſon nom.

Le P. Girard ne dénie pas qu'avant qu'elle entrât au Couvent la Lettre envoyée d'Aix, la minutte de cette Lettre, la Rélation de ce voyage, & celle des premiers jours du Carême, ne lui euſſent été remiſes, & qu'il n'eût reçû avec ces papiers la preuve des deux caracteres de l'écriture des deux Freres ; comment ſe propoſe-t-il de trouver des gens aſſez credules pour ſe laiſſer prendre au ridicule pretexte qu'il donne de n'avoir vû ces papiers, à lui remis au mois de Juin 1730. avant l'entrée au Couvent, qu'un mois après le procès commencé, c'eſt-à-dire, au mois de Novembre ſuivant, & que lors de la remiſſion qui lui en fut faite, il les jetta dans un tiroir de ſon bureau : defaite groſſiere, mal inventée, deja ſi ſouvent detruite par toutes les démarches qu'il faiſoit alors, & par tous les Aveus qu'il a fait.

Il dit dans toutes ſes réponſes qu'il doutoit, qu'il ne determinoit rien, qu'il vouloit examiner : Seroit-ce l'examen qu'il avoit deja fait alors tant de fois du corps de ſa Penitente & de ſes accidents qui lui fit negliger de voir ces papiers ? en ce cas il étoit donc sûr de ſon fait, & l'on ne pouvoit le tromper ni lui rien perſuader de plus ; que s'il n'en étoit pas encore bien aſſuré, comment veut-il qu'on doute de

cet

cet examen, de l'avidité duquel on ne peut se dispenser de juger par les empressemens qu'il avoit toûjours eu de voir, & de tout voir, n'étant jamais satisfait ni content lorsqu'il n'avoit vû qu'à demi.

Mais est-il possible (nous dit-on) que si l'on n'avoit pas voulu le tromper par ces Lettres on lui eût fait un si grand secret que la Demoiselle Cadiere ne les écrivoit point, qu'elle ne le lui eût jamais dit, ainsi qu'elle le declare dans ses réponses, qu'elle n'en eût du moins signé quelqu'une, puisqu'elle sçavoit mettre son nom, elle a bien écrit la permission qu'elle a donnée au P. Nicolas de reveler sa confession, pourquoy ne pouvoit-elle en faire autant, si ce n'est une Lettre entiere, du moins quelque billet écrit de sa main, & ses freres qu'il voyoit tous les jours & qui ne l'ont pas averti qu'elle ne sçavoit pas écrire, ne sont-ils pas convaincus par là d'avoir voulu le tromper.

Le P. Girard rapelle ici sa pieuse credulité, il veut persuader qu'un Directeur comme lui homme éclairé & intelligent, n'est jamais entré en aucun soupçon que les Lettres de sa penitente fussent écrites d'une autre main que de la sienne, tandis que son Deffenseur lui prête aujourd'hui des reflexions qui naissent de ces Lettres, & qui montrent, selon lui, que c'est le P. Cadiere qui les a composées, de même que la rélation du Careme, il dit qu'une jeune Fille de 18. ans n'étoit pas capable d'imaginer ce qui est contenu dans ce Memoire, il y trouve des traits de Philosophie, des raisonnemens Metaphisiques, les plus sublimes connoissances de la Theologie; enfin la Doctrine de Saint Thomas sur les questions les plus arduës & les plus difficiles, les Lettres sont d'un stile exact, bien composé, qui part d'une main sçavante, quoiqu'elles n'annoncent que de faux miracles, & qu'on y decouvre même dans quelques-unes de l'impieté.

Qu'il nous soit encore permis de demander icy, comment il a pû se faire qu'aucune de ces reflexions ne soit jamais venuë dans l'esprit du P. Girard, lorsqu'il recevoit ces Lettres, & qu'au lieu de blamer une seule de ces visions extraordinaires & impies, & de reprendre sa penitente, l'on ne voit dans ses réponses que des aplaudissemens, des actions de graces sur les grandes misericordes que Dieu exerçoit sur elle, comme il paroit entr'autres plus particulierement par sa reponse du 22. Juillet 1730. à la Lettre que la Cadiere lui écrivit le même jour; il fit après cette Lettre plusieurs voyages à Ollioules, & plusieurs visites à cette Fille, c'étoit bien le tems de s'éclaircir dans les conversations particulieres qu'il avoit avec elle, de lui dire qu'il trouvoit le stile de ces Lettres extraordinaire, qu'il doutoit qu'elle les eût composées; lui en dit-il jamais un seul mot?

Quand même il auroit negligé comme on le supose, de lire les premieres feüilles du Mémoire du Careme qui lui furent remises, comme nous venons de l'observer, écrites au net de la main de l'Abbé Cadiere, & minutées par le Dominicain sous le dictamen de sa Sœur avant qu'elle entrât au Couvent, negligence que nul ne croira jamais; du moins faut-il que l'on avoüe que le 21. Août le reste de ce Memoire en original & par copie lui ayant été remis, & sa Lettre du 22. Août justifiant qu'il devoit tout au moins l'avoir lû pour lors, il ne se seroit pas borné à lui faire seulement des reproches d'avoir communiqué ce Memoire, il se seroit encore bien plus recrié sur la composition qu'il trouve aujourd'hui si extraordinaire, si sçavante, & si fort au-dessus de la portée du genie de sa penitente; en toute maniere l'incongruité de la citation *non ex solo pane vivit homo*, attribuée à Saint Paul, ne l'auroit-elle pas frapé, voit-on dans cette Lettre le moindre mot qui porte sur le stile & la composition de ce Memoire, tout est reduit au regret de la communication, & à temoigner les alarmes qu'elle lui causoit.

Concluons donc que le P. Girard n'a point été trompé, on ne sauroit soupçonner une credulité pareille dans un homme comme lui, nous l'avons deja dit plusieurs fois, & chacun le pense de même, il avoit trop bien instruit sa penitente pour méconnoître son langage & ses sentiments, ceux qui connoissent les siens se sont mocqués de l'invention de ce faux pretexte; il y a encore plusieurs personnes de consideration dans Aix accoutumées à son langage & à ses Sermons, elles ont declaré à la lecture de ce Memoire du Caréme qu'elles y reconnoissoient tous les traits de sa maniere de penser & de parler, & prevenuës jusqu'alors en sa faveur, elles n'ont plus douté que la Demoiselle Cadiere en dictant ce Mémoire ne se fût montrée une digne éleve d'un tel maître ; la procedure justifie qu'elle n'est pas seule qu'il ait fait devenir sçavante sur cette matiere, & l'on trouve le même langage dans le Livre du P. Surin son Confrere qu'il prenoit soin de leur faire lire.

TROISIEME CHEF.

Sur le pretendu Complot.

L'absurdité de ce pretendu complot a été si bien developée par les precedens Mémoires, elle a tellement excité la risée du public, qui a d'abord compris tout le ridicule du pretexte, que nous n'aurions plus rien à dire sur la maniere dont la Societé qui ne se rebute jamais de rien, a tenté de le remettre en lumiere. S'est-elle imaginée que la seconde histoire qu'elle vient de faire sur ce pretendu complot ; que cette production de sa façon, ornée de ses traits, & habillée de ses couleurs, trouveroit plus de credit dans le monde, & deviendroit plus recommandable ? Ne reviendra-t-elle jamais de cette orgueilleuse prevention qui lui met dans l'esprit qu'on doit prendre pour des verités revelées tout ce qu'elle écrit, & qui part de sa main?

Comment ne s'est-elle pas aperçûë que pour forger la fable qu'elle fait debiter par son Deffenseur sur ce pretendu complot, elle l'a engagé dans une variation qui en le decouvrant Calomniateur, fait rejaillir sur la Societé toute la honte de la calomnie, par l'aprobation qu'elle a donné à ce Mémoire, & qui vaut autant que celles que l'on trouve à la tête des ouvrages saints & pieux de tous ses Casuistes.

Dans le premier Mémoire du Pere Girard, le complot ne fut ourdi, & ne commença qu'après que la Cadiere fut confessée par le P. Nicolas. C'est ce Religieux (disoit-on pag. 29.) *qui en inventa tout le sisteme* : & ensuite on ajoûte, *on l'interdit, il ne garde plus de mesure, il ne connoit plus ni justice ni verité.* Il est vrai qu'on avoit insinué un peu devant, que les Freres Cadieres avoient inspiré à Mr. de Toulon de donner à sa Sœur le P. Nicolas pour Confesseur ; mais on ne leur avoit imputé que d'avoir voulu faire passer leur Sœur pour sainte à miracles, qu'ils les avoient fait valoir, & exalté sa sainteté, qu'ils s'étoient prêtez à tous les personnages qu'elle avoit voulu joüer, qu'ils avoient composez des Memoires & des Lettres pour les rendre croyables & leur donner cours dans le monde.

Dans le nouveau Memoire, le complot a commencé dez l'entrée de la direction du Pere Girard, c'est la haine contre les Jesuites qui a fait naître ce complot. Mais quel motif d'imputer cette haine ? Peut on en douter, le P. Cadiere est imbu de ce qu'on apelle les erreurs du tems. Mais c'est un nouveau Bachelier de Sorbonne, il n'auroit point obtenu ce Grade si l'on n'avoit bien connu ses sentimens, il étoit à Paris lorsque la direction du Pere Girard a commencé, il l'a aprouvée, & confirmé sa Sœur dans le choix qu'elle avoit fait, il n'a jamais rien dit, ni rien fait pour l'en detourner, il étoit lié d'amitié avec les Jesuites en liaison avec le P. Girard, ce Pere convient dans son Mémoire qu'ils se voyoient très souvent ; n'importe, il faut pour trouver un plus ancien principe de complot, c'est-à-dire, motiver la haine pretenduë qui a formé ce principe ; il faut (dit-on) que le P. Cadiere soit Jansenïste à quelque prix que ce soit ; tous ceux qui ne plaisent pas aux Jesuites ne sont-ils pas honorez de ce nom ?

Ce principe ainsi par eux établi, a été la source des artifices dont ce Religieux s'est servi pour tromper le P. Girad ; miracles copiez sur des Livres obscurs composez chez les Dominicains, inspirez à la Demoiselle Cadiere ; conduite des personnages qu'on lui a fait joüer ; exaltation de ces miracles ; composition des Lettres, & enfin des mémoires. Telle est aujourd'hui l'origine, la suite, & la consommation du complot dont le P. Cadiere est accusé.

On est allé plus loin, il y a deux complots, & il est coupable de tous les deux cette découverte a été annoncée dans de nouveaux Memoires, elle est venuë de la boutique des Jesuites, & d'une main qui s'entend en ouvrages Comiques, sur tout à representer les mœurs des femmes : il est vrai que le theatre ne s'y est pas fort enrichi, nous n'en dirons pas davantage pour le present, nous sçavons que l'Auteur a si bien joüé son jeu dans la nouvelle piece, par laquelle son imagination lui a fait découvrir deux complots de 150. lieües loin, & a si bien traité les Avocats, que l'indignation & le scandale ont excité le zéle public à faire suprimer tous les exemplaires qu'on en a pû recouvrer. Mais pour convaincre la Societé que nous ne disons rien que de vrai ; peut-être s'en trouvera-t-il encore quelqu'un de ceux qu'elle a fait répandre sous le manteau dans cette Ville, qui servira plus qu'elle ne voudroit de piece justificative, pour faire punir la maniere insolente avec laquelle les Avocats y sont traitez, & en faire repentir ceux qui en sont les Auteurs & les Distributeurs. En tout cas, on pourroit y supléer par le nouveau Mémoire qu'on a fait suivre, dans lequel le sistéme des deux complots renouvellé & publié, a si fort alarmé l'Auteur instruit du sort du précedent, qu'il a prudemment interrompu le cours de la distribution qu'on en faisoit, pour nous annoncer que les expressions infames d'une main faite à ces sortes de fleuretes ne viennent pas de la sienne ; il pourroit se passer de nous en avertir, nous ne l'en soupçonnerions pas, quand même il voudroit s'avoüer l'Auteur des deux précedents Mémoires.

C'est ainsi que la Societé travaille à fixer les idées de ce noir & sacrilege complot, il n'y en a qu'un, il y en a deux ; le complot a commencé lors de l'interdit du P. Cadiere & du P. Nicolas, ce n'est plus alors qu'il a commencé ; le P. Cadiere a comploté de plus loin, le P. Nicolas a comploté de plus près ; les deux complots n'en ont plus fait qu'un. O éternelle variation, reservée à cette sçavante & redoutable Societé ! Quel secours ne lui fournit-elle pas dans la maniere d'accuser & de recriminer ? Ne sera-t-elle jamais d'accord avec elle-même dans ses principes.

Quoi de mieux arrangé & de plus sincerement établi que tout ce que l'on trouve dans ce second Memoire pour apuyer les preuves de ce complot ? Les motifs, les moyens, les effets, tout est disposé pour prevenir & persuader.

Dans les motifs, la premiere vûë des Freres Cadiere n'a d'abord été que de décrier le Pere Girard dans l'esprit de Mr. l'Evêque de Toulon pour obliger ce Pere à prendre la fuite, parce qu'il étoit trop instruit de leurs fourberies & de leurs sacrileges. *C'est ici* (nous dit-on) *le principal motif & le grand interest qui fit dabord agir les Cadieres.* Ajoûtons, c'est donc ici une nouvelle datte du complot, & avoüons franchement que voilà de bien mauvais comploteurs de décrier un Jesuite estimé par l'Evêque, & un Jesuite qu'ils sçavoient instruit & en état de les charger de tant de crimes si énormes.

Second motif, les Freres Cadiere s'étant donnés pour Témoins oculaires de la plusparț des miracles de leur Sœur, ils ne pouvoient plus nier ces faits, ni les atribuer à une autre cause que celle du Démon, il fallut donc inventer les faits du sortilege, & en cela leur interêt propre les pressoit davantage, que de mettre à couvert la vertu de leur Sœur. *Voilà* (dit-on encore) *quel est le vrai motif qui les a fait agir.* Ajoûtons ; voilà donc des comploteurs qui avoient bien pris leurs mesures, ils sçavoient que le Pere Girard avoit retiré toutes ses Lettres, qu'il avoit les minutes & les originaux de celles de leur Sœur, les Mémoires, tous les papiers de sa Penitente, qu'il avoit en main de quoi les perdre, selon le raisonnement que le Deffenseur de la Societé vient de faire ; & ils se proposoient de le charger d'un crime que l'exhibition de ces pieces suffisoit, selon lui, pour rendre improbable, & pour l'innocenter. Tout cela n'est-il pas bien concluant pour prouver un complot ?

Quant aux moïens, c'est l'accident du 16. au 17. Novembre que l'autheur du Mémoire apelle une scéne. Il faut l'avouer, l'histoire qu'il a imaginé là-dessus ne péche pas par deffaut d'invention, elle est ornée de fort belles épisodes ; il fait la grace au P. Cadiere de convenir qu'il ne fut pas present à cette scéne, il ne le fait acteur que du lendemain ; il continuë avec la même sincerité la narration des procedures qui suivirent cette representation ; il est vrai qu'il est un peu embarrassé d'excuser la descente abusive de l'Official chez la Cadiere, mais il tache de s'en demêler en geometre, c'est-à-dire, en soutenant que la plainte de la Cadiere quoique posterieure doit retrogader & remonter à l'époque des possedées montrées à Mr. l'Evêque de Toulon.

Quand nous n'aurions, dit-il) *pour preuve de leur complot que la scéne qu'ils firent joüer à la Bastide de la Cadiere pour montrer des possedées à Mr. l'Evêque, & ensuite le scandale public qu'ils donnerent à Toulon le 16. & 17. Novembre, nous n'aurions besoin d'aucune autre demonstration; en effet, autant qu'il est certain que ce fut là l'origine du procez, autant est-il certain que ce fut là l'origine de leurs inventions vrayement diaboliques.*

Mais si la premiere vûë des Freres Cadiere n'a jamais été de porter cette accusation en Justice, comme ce Defenseur court de memoire, vient de le dire plus haut; comment auroient-ils pû alors comploter pour commencer ce procès.

La scene de la presentation à Mr. l'Evêque des Penitentes pretenduës possedées, diminuë-t-elle la realité des accidents de la Batarelle, de la Laugier & des autres Stigmatisées, que la Societé a tant de peur de voir decretées? Les Freres Cadiere ont-ils complotté pour faire representer les pieces tragicomiques que ces Filles, la Laugier entre-autres, avoient deja si souvent données à toute la Ville de Toulon, & que celle-ci continuë de lui donner? Comment donc pretend-t-on étayer ce complot par l'accident du 16. au 17. Novembre qui est vrayement diabolique, mais qui ne differe des autres que par l'impatiente fureur où étoit la Laugier de voir *le diable de P. Girard*; le scandale fut-il moindre parce que c'étoit la Laugier qui l'avoit nommé; & si ce dernier accident de la Cadiere étoit diabolique, n'est-ce pas lui qui est le fourbe & l'imposteur, puisque tant d'autres pareils accidents qui se sont passez sous les yeux, & qui lui ont donné tant de loisir de contempler sa Penitente, ont été si souvent par lui apellés *des faveurs du Ciel, des abondances de graces, & des maux divins.*

Après avoir si bien reüssi à presenter les moyens du complot, le Deffenseur de la Societé travaille avec le même succès à la representation des funestes effets qu'il a produit. L'époque de ce complot est par lui de nouveau remise au tems du changement de Directeur de la Cadiere *ces deux Freres confus & desesperés* (nous dit-il) *de voir à la fin leur manege devoilé, complottent avec un tiers & forment ensemble une intrigue detestable pour forcer à disparoître un ministre desormais suspect, parce qu'il est trop instruit de leurs misteres, & pour perdre à quelque prix que ce soit un innocent auquel ils ne peuvent reprocher autre chose que d'avoir trop tard ouvert les yeux.*

Ici la pieuse credulité vient encore joüer son jeu, c'est un secours toûjours present pour persuader la droiture, la bonne foi de ce simple, de cet innocent Directeur? Il n'ouvre les yeux que lorsqu'il devroit les fermer pour derober sa vûë à la honte & à la confusion que repand sur lui & sur la Societé la ridiculité de ce pretexte.

La manifestation publique du triste état où il avoit mis sa penitente, le fait apercevoir que les accidents qui l'avoient tant de fois agitée, & qu'il avoit considerés en secret une année entiere, n'étoient que de faux miracles inventés & suggerés pour le tromper; il n'a decouvert la trame & le fil du complot qui lui sert aujourd'hui à remonter jusqu'au commencement de sa direction, qu'après que cette Fille ne le voulut plus pour Directeur; ce changement lui a tellement levé le voile qu'il n'a pû se continuer dans la foy qu'il avoit à ces miracles.

Doutera-t on après cela des funestes effets de ce projet dont le Deffenseur fait une description si energique & si touchante; mais comment pourroit-on en douter après les figures de Rethorique par lesquelles il finit son Memoire, sur-tout lorsqu'il releve le bruit, l'éclat, & le scandale que ce procès a suscité dans toute l'Europe, au lieu que l'accusation devoit être renfermée dans le fonds d'un Palais. Mais qui a commencé le bruit, qui a excité l'éclat, n'est-ce pas l'orgueil de la Societé? Qui est l'autheur du scandale, n'est-ce pas le P. Girard par sa conduite criminelle & sa direction incestueuse.

La Societé se plaint de ce que les Tribunaux & le Public sont inondés de Memoires, de Requêtes, de Vers, de Proses, d'Imprimés & de Manuscrits, de Libelles & de Gazettes diffamantes contre le Pere Girard & contre les Jesuites, elle exalte la patience du P. Girard, il est tranquille, à ce qu'elle dit, au milieu de ces clameurs, il regrette de n'avoir pû avoüer ce qu'il n'a point fait sans blesser la verité, i

voudroit

voudroit avoir pû se rendre son propre Accusateur par son silence, & le donner pour un aveu tacite de ce que sa bouche n'auroit pû confesser sans mensonge.

Telle est l'idée, & encore plus magnifique, par laquelle l'Auteur de la Societé finit sa Piece, dont le denoüement, selon lui, doit servir à la canonisation du P. Girard. Est-ce pour effacer la realité des preuves si convaincantes du dereglement de ce Directeur, qu'il s'applique si piteusement à faire d'avance son apotheose ? Que la Societé fasse ensorte, s'il se peut, que le Public oublie la conduite de ce Jesuite marquée à tant d'époques si terribles, & qu'il puisse comprendre comment une Fille âgée de 18. ans, innocente dans ses mœurs, dont la vertu n'avoit jamais été équivoque avant qu'elle fût sous sa direction, a pû seduire & tromper un Directeur habile, éclairé, pénétrant, consommé dans l'art de la conduite des ames.

Nos Memoires & nos Requêtes imprimées excitent les plaintes de la Societé ; mais ces Ecrits si juridiques, si permis dans toute sorte de procès, si necessaires pour deffendre des innocens, & devoiler ses artifices, lui font-ils regreter que l'on s'en soit servi pour les decouvrir aux yeux de tout l'Univers.

Qu'elle regrette plûtôt de s'être livrée si hardiment à tant de mensonges & d'impostures dont elle se sert dans ses Memoires Imprimés pour étouffer la voix de la verité qui l'accable, & les voyes obliques & punissables qu'elle employe pour divulguer les libelles anonimes & scandaleux qu'elle fait semer dans le public ; ouvrages indignes d'une Societé qui se pique de droiture & de charité, dans lesquels le public ne fait que mieux se convaincre, qu'accoûtumée à ne respecter personne, elle insulte sans ménagement aux Magistrats, aux Avocats, à tout le monde, à Dieu-même ; on n'avance rien qui ne soit bien prouvé.

C'est un sacrilege, c'est une impieté (nous dit-elle dans un Imprimé decoré du titre de Demonstration) *de croire que le P. Girard soit capable du crime d'Inceste ; ce que dit la Cadiere ne pourra jamais se comprendre, ce seroit faire de nôtre Dieu une Divinité monstrueuse du Paganisme.* Pouvoit-on prononcer un plus horrible blasphéme ? n'est ce pas outrager Dieu, & pourroit-il manifester plus visiblement son pouvoir qu'en permettant qu'un faux Ministre de sa Religion, soit livré à la Justice des hommes pour le punir de l'avoir fait servir lui-même à tant d'ordures & d'iniquités : *Servire me fecistis iniquitatibus vestris*, comme il le dit lui-même dans l'Ecriture.

Si le P. Girard est Quietiste (nous dit-on encore) appartient-il à un laïque de connoître & de decider d'une question de Theologie ? Mais de quel laïque veut-on parler dans ce second Memoire ? Est-ce d'un Docteur, d'un Jurisconsulte, d'un Magistrat, d'un homme enfin qui soit instruit, & au-dessus du commun ? Que la Societé nous réponde ; nous lui demandons s'il est permis aux Theologiens de se mêler de Jurisprudence, oseroit-elle le nier, elle prononceroit la condamnation de ses Auteurs les plus graves qui s'en sont mêlés, & la plûpart assez mal. Pourquoi donc s'avise-t-elle de disputer à des laïques Jurisconsultes le droit de connoître d'un crime d'Irreligion, dont la punition est prononcée par les Loix, & reservée à la Justice seculiere.

Que la Societé se desabuse donc de vouloir imposer au Public, le rebut qu'il aura toûjours pour tant de démarches indignes d'un Corps Religieux, fera son éloge & leur condamnation ; que si toûjours plus entêtez du credit dont ils se glorifient, ils persistent à se flater qu'elles seront autorisées ; qu'ils apprennent une fois pour toutes à se corriger d'une prévention qui est si injurieuse à la Justice & au Tribunal auguste qui l'a toûjours distribuée avec tant d'integrité, ou qu'ils cessent enfin de se plaindre de l'indignation universelle que leur orgüeil leur attire. *Si quid pro hujusmodi adversitatibus & iniquitatibus patiuntur, si nolunt corrigi saltem non audeant gloriari. August. Lib. 3. contra Parmen. cap. 6.*

F. E. THOMAS CADIERE.
FOUQUE Avocat.
J. SIMON Procureur.

Monsieur le Conseiller de VILLENEUVE D'ANSOUIS, *Raporteur.*

A AIX, De l'Imprimerie de RENE' ADIBERT Imprimeur du Roy.

www.ingramcontent.com/pod-product-compliance
Lightning Source LLC
LaVergne TN
LVHW052037160826
845678LV00003B/1403